AF262493

Contraste insuffisant
NF Z 43-120-14

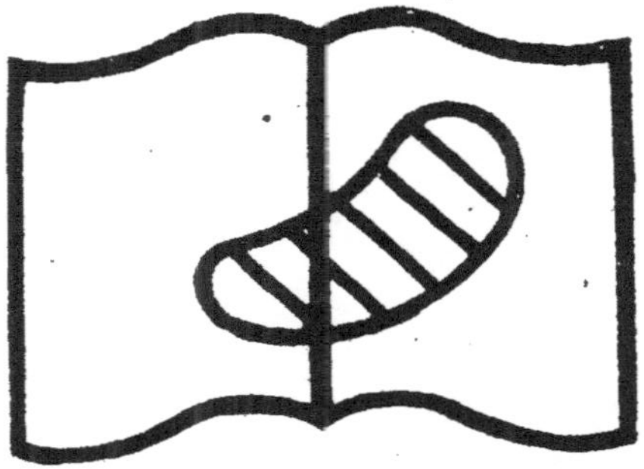

Illisibilité partielle

Valable pour tout ou partie
du document reproduit

Original en couleur
NF Z 43-120-8

Couverture inférieure manquante

NOTE

SUR

DEUX VENTES SUR SAISIE

DE LA

SEIGNEURIE DU BOSGOUET

AU XVIᵉ SIÈCLE

Par G. A. PREVOST

ROUEN

IMPRIMERIE CAGNIARD (Léon GY, Successeur)

Rue Jeanne-Darc, 88

—

1908

à Monsieur Léopold Delisle,

Hommage respectueux

J. A. Serret

NOTE

SUR

DEUX VENTES SUR SAISIE

DE LA

SEIGNEURIE DU BOSGOUET

AU XVIe SIÈCLE

Par G. A. PREVOST

ROUEN

IMPRIMERIE CAGNIARD (Léon GY, Successeur)

Rue Jeanne-Darc, 88

1903

Note sur deux ventes sur saisie de la Seigneurie du Bosgouet

AU XVIᵉ SIÈCLE

Dire que les Archives publiques, largement ouvertes aux travailleurs, éclairées en partie par de remarquables inventaires, renferment, malgré les atteintes du temps, des documents du plus haut intérêt, est une vérité rebattue..... On sait moins que, çà et là, dans d'anciennes familles, on a pu conserver aussi, en dépit des destructions de la Révolution, de la dent des rongeurs, et de la couverture des pots de confiture, des pièces parfois fort anciennes et qui ont aussi leur valeur documentaire. Pour celles-ci, vu leur caractère de propriété privée, je crois que l'on est excusable de solliciter un tour de faveur. C'est pourquoi je demande aujourd'hui à l'Académie de Rouen la permission de lui communiquer trois documents provenant d'un précieux chartrier que des relations de voisinage de campagne, transformées bientôt en amitié, m'ont, il y a quelques années, permis de consulter.

Le propriétaire de ce chartrier n'était pas, d'ailleurs,

un inconnu pour l'Académie; c'était un de nos correspondants pour la classe des Sciences, M. Gustave Power, que nous avons perdu l'année dernière. Vous dire que ces titres provenaient de la famille de sa mère c'est encore rappeler un nom bien connu de nous, car elle s'était appelée Mlle Le Boulanger de Boisfremont et était fille du peintre de Boisfremont, qui fut membre de notre Académie, et dont la vie, accidentée comme un roman, a été écrite dans notre *Précis* par M. Hellis. Les Le Boulanger de Boisfremont avaient possédé, au XVIIIe siècle, les seigneuries du Bosgouet, des Roques, de Boisfremont, situées sur les confins de l'arrondissement de Pont-Audemer et de la Seine-Inférieure. Comment une partie de ces domaines et les anciennes archives passèrent aux mains de la famille de notre confrère, cela encore est assez singulier. Aux environs de Cayenne, à la fin du XVIIIe siècle, vivait une famille de planteurs d'origine irlandaise, les Power. Vers 1830, le fils du chef de la maison vint à Paris, faire ce voyage en France, qui était le complément de beaucoup d'éducations. Il y vit Mlle de Boisfremont, l'épousa et l'emmena à la Guyane. Mais l'affranchissement des nègres, décrété subitement en 1848, vint tuer en un instant l'industrie telle qu'elle y fonctionnait. Les planteurs durent déserter. Les usines, les habitations devinrent, en quelques années, de précoces ruines; et lorsque, peu après, la France fonda à Cayenne des établissements pénitenciers, l'emplacement choisi pour l'un d'eux fut justement celui du domaine des Power, et un des officiers chargés de présider à cette organisation en traçait cette pittoresque esquisse :

« Il y avait là autrefois de vastes champs cultivés, de nombreux esclaves, une famille de maîtres investie d'un pouvoir seigneurial.

« Quand nous visitâmes pour la première fois ces ruines, on voyait encore un grand hangar, et sous ce hangar une machine à vapeur qui faisait tourner le moulin à cannes.

« Tout était en place, comme dans le palais de la *Belle au Bois-dormant*. On eût dit que les nègres se réveillant allaient arriver tout à l'heure pour le travail. La vue de cette belle machine gisant là sur les bords du fleuve nous étonna fort. De la sucrerie proprement dite, quelques poteaux et une grande cheminée d'usine restaient seuls debout. En cet endroit de belles batteries de fonte disparaissaient, à moitié enfouies dans le sol. »

« ..... Sur le sommet de la colline, au milieu d'un petit plateau dominant tout le pays, s'élevait jadis la maison du *maître*. Les fondations avaient résisté au temps. Six marches en pierre de taille indiquaient l'emplacement de l'entrée principale. De belles mosaïques en marbre noir et blanc étaient là comme les épaves d'une prospérité évanouie (1). »

Le chef survécut peu à ses usines, et la veuve revint, avec ses deux jeunes fils, vivre sur ses domaines de Normandie ; le second fut notre confrère. L'étude des sciences le captivait. Il suivit les cours de l'Ecole Cen-

(1) Armand Jouennaix, *Un déporté à Cayenne*, nouvelle édition, Paris, Calmann Lévy, 1878, in-12, p. 133-135.

trale ; mais une fois muni de son diplôme, il revint se fixer dans le pays de sa famille maternelle. Il s'attacha d'abord à l'étude de l'entomologie et forma, notamment, une intéressante collection des coléoptères de France, qu'il a léguée à la ville de Pont-Audemer. En même temps, il faisait valoir une ferme dépendant de sa propriété de la Brosse, et son attention se porta spécialement sur la culture du pommier à cidre. Il consigna le résultat de ses observations et de ses expériences, dans deux volumes qu'il vous a offerts, et qui font autorité. Mais ce n'est pas tout de faire un livre, même un utile et bon livre. La bonne pratique est plus méritoire que la théorie. Or M. Power ne s'était pas borné à écrire sur l'amélioration des espèces. Il avait, à Saint-Ouen-de-Thouberville, des pépinières d'où sortaient chaque année des entes obtenues et cultivées d'après les méthodes et les procédés les plus sûrs, et qui, outre la satisfaction légitime de procurer au producteur les plus belles récompenses dans les concours, avaient le mérite de disséminer çà et là d'excellents sujets dont le rendement et la qualité contribuaient à la prospérité du pays. Sa réputation, s'étendant de plus en plus, lui avait valu la vice-présidence d'une des sections de la grande Société nationale des Agriculteurs de France ; et, enfin, la décoration du Mérite agricole était venue — tardivement — récompenser une vie en grande partie consacrée à l'agriculture.

Les études scientifiques et les occupations agricoles n'empêchaient pas M. Gustave Power de s'intéresser au passé de notre pays et à l'histoire locale. Lui et moi nous faisions, il y a quelques années, près de Saint-Ouen-de-Thouberville, des fouilles qui amenaient la découverte d'un petit temple gallo-romain. Il rêvait aussi de classer et d'étudier les documents de son riche chartrier. La mort est venue briser ce projet, mais, à vrai dire, je rends une sorte d'hommage à notre confrère, en vous signalant aujourd'hui trois de ces pièces ayant trait à des ventes de la terre du Bosgouet (1) au XVI° siècle.

. . . .

. . . .

Ces documents ne servent pas seulement à faire connaître les noms des propriétaires et les formalités judiciaires des expropriations forcées ; ils ouvrent, en plus, sur le rôle de la question d'argent, sur la manière d'entendre l'administration de sa fortune et sur la façon dont la bourgeoisie, la petite noblesse et les prêtres de campagne employaient leurs capitaux, des aperçus intéressants.

Dans les premières années du XVI° siècle, la seigneurie du Bosgouet appartenait à François Le Cornu, receveur des tailles en l'élection de Caudebec, qui mourut en 1507.

A sa mort, il était redevable envers le Trésor royal d'une somme de 1,000 livres (2). Il laissait une veuve et trois enfants mineurs, dont l'aîné, Robert, habitait à Rouen, chez « Maistre Yves Lange, son maistre », sans que nous sachions si c'était un professeur chez qui

(1) Commune ayant fait partie du diocèse de Rouen, comprise aujourd'hui dans le département de l'Eure (arrondissement de Pont-Audemer).
(2) V. Pièce justificative n° 1.

il faisait ses études ou un patron qui lui apprenait son état. La succession ne présentait, paraît-il, aucuns biens mobiliers sur lesquels le Trésor pût se payer. Un sergent royal vint alors au Bosgouet, le 22 octobre 1508, mettre le fief en la main du roi. Après un délai de quarante jours, par trois dimanches, il y revenait annoncer que le fief serait vendu aux prochaines assises de Pont-Autou et Pont-Audemer, sur le prix de cent livres de rente. Mais le procureur général de la Cour des aides et le receveur général des finances firent, sur ces entrefaites, décider que la vente aurait lieu à Rouen en la cour des généraux. Nouvelles criées en ce sens. En même temps, il était ordonné qu'il serait procédé par des nobles du pays, par des vavasseurs et par des gens de métier à une estimation minutieuse et détaillée de la valeur et des revenus de la seigneurie : Neuf nobles, Jehan Hardelay, Jehan Bertaume l'aîné, Jehan Fergeot (probablement Fergeol), Jehan Bertaume le jeune, Richard du Quesnay sieur du lieu, Nicolas Filleul sieur de Fresnes, Robert Tournebu sieur d'Offranville, Colin et Raoulin Hardelay ; Six vavasseurs : Robert Hardelay, Guillaume et Jean Aubery, Guillaume Vieil, Jehan du Bosc et Perrenot du Vivier ; puis avec eux : Guillaume Helye, Guillaume Desmarets et Perrin Mansel, laboureurs ; Jehan Jourdain, Jehan de la Haye et Guillaume Cottoys, charpentiers ; maistre Toussaint de Carrouge et Pierre Marie, maçons, trouvèrent que le revenu était de 600 l. 14 s. 4 d. t.

En conséquence, la vente fut, de nouveau, annoncée sur ce prix, remboursable par 6,007 l. 3 s. 4 d. t.

Personne ne se présenta. Les créanciers et les tuteurs des mineurs émirent alors la prétention que le receveur général des finances de Normandie était tenu de prendre ce fief au prix d'estimation. D'incidents en incidents, de remises en remises, on en vint à une nouvelle adjudication, le 4 juin 1509.

Dans l'intervalle, les créanciers ou opposants eurent à justifier de leurs titres et créances. Ils se présentèrent au nombre de vingt-six; voici, rapidement énoncés, leurs noms, les causes et le montant de leurs créances.

Le receveur général des finances de Normandie, pour le débet de 1,000 livres, et les frais de poursuites et de procédure.

Jehan de Poncher, trésorier des guerres, pour 443 l. 10 s., solde d'une assignation de paiement plus considérable, recouvrable sur la recette des tailles de Caudebec.

Guillaume Cappel, chanoine de Rouen, pour une cédule de 509 l. 10 s. 1 d., et, en plus, pour un prêt de 7 marcs, 3 onces d'argent.

Nicolas de Mai, écuyer, pour 250 l. 10 s., reliquat d'assignations à lui délivrées sur la recette des tailles de Caudebec pour paiements d'une pension à laquelle il avait droit.

François Blanchefort, écuyer, sieur du lieu, 150 livres pour les mêmes causes.

Jean de Heris, écuyer, pour paiement des arrérages et du principal d'une rente de 150 l. t. créée en sa faveur par Le Cornu, le 7 juillet 1506. Il n'avait reçu, en tout, qu'une demi-année d'arrérages. On sait que ces rentes n'étaient que des prêts à intérêt. De Héris avait prêté à Le Cornu un capital dont ce dernier lui payait 150 l. d'intérêt.

Guillaume Legras, doyen et chanoine de Rouen, pour le principal et les arrérages d'une rente de 15 livres, dont il lui était dû plusieurs années.

Jacques Le Pelletier, l'aîné, écuyer, sieur de Martainvil'e, pour une rente de 100 sols créée en 1503 et dont il n'avait rien reçu.

Un mot seulement au sujet de cet article : On sait que ces Le Pelletier étaient de très riches financiers auxquels on doit la construction du superbe château de Martainville-sur-Ry. On est, au premier abord, surpris d'en voir un prêter une somme si infime.

Antoine Surmullet, cessionnaire d'une rente de 16 l. t., créée originairement en faveur de messire Robert de Mainemares, chevalier, seigneur de Bellegarde.

Robert et Jacques du Quesnay, écuyers, pour une rente de 100 s., créée en faveur de leur père (dû six ans et demi).

Alizon Le Clerc, femme d'Audry de la Perreuze, et veuve de Jacques Le Fèvre, ancien seigneur du Bosgouet, pour paiement d'un douaire de 90 l. t. assis sur ledit fief, par conventions du 22 novembre 1484 [?]

La mère du receveur des tailles, François Le Cornu, veuve de Robert Le Cornu, remariée à un nommé Lemannesier, pour son douaire.

Louis Le Preux, curé de Caumont, pour la garantie de la rente de 150 livres, créée en faveur de Jean de

Héris, rente dont il a déjà été question et dont il semble être garant.

Louis Le Breton, curé de Bardouville, pour garantie d'une rente à vie de 30 sols t. créée en sa faveur, en 1482, par l'ancien propriétaire du Bosgouet, Jacques Le Fèvre.

Pierre de Prestremare, comme étant l'une des cautions de Le Cornu pour son office de receveur ; et, en outre, en remboursement d'une petite somme de 14 livres qu'il avait cautionnée et payée.

Jehan Ercambourg, sʳ de Cantipou, pour sûreté d'une rente foncière de 24 livres, et pour une petite créance.

Nicolas du Bosc, marchand à Rouen, pour 110 l. 2 s.

Richard de la Chaussaye, pelletier à Rouen, comme caution de Le Cornu : 1° pour la rente de 150 livres constituée à Jean de Héris ; 2° pour son office de receveur des tailles.

Jean du Clou, apothicaire à Rouen : 12 l. 8 s. 1 d., pour drogues de son métier, et luminaire aux obsèques de Le Cornu.

Guillaume Le Sergent, receveur des aides à Caudebec, 78 livres, pour dette reconnue en justice.

En plus, deux autres bourgeois de Caudebec, Guillaume Le Dun et Michault Thiron, pour des sommes de 16 l. t. et 100 s. 6 d. t.

Enfin, quatre fermiers ou locataires qui demandaient garantie contre la résiliation éventuelle de leurs fermages.

Finalement, le 4 juin 1509, Joachim Le Maignen, bourgeois de Rouen, se trouvait dernier enchérisseur

par le prix de 500 l. t. de rente, remboursables au prix
de 5,000 l. t. Un dernier renvoi était prononcé jus-
qu'au 8 du même mois; et comme il ne s'y produisit
aucune enchère nouvelle, il était alors déclaré adjudicataire définitif.

En réalité, l'adjudicataire ne devait être qu'un prête-
nom ou un mandataire; car un document en date du
8 novembre 1509 nous apprend que, déjà à cette date,
la seigneurie du Bosgouet appartenait à Maistre Pierre
Le Lieur, conseiller du roi en sa cour de l'échiquier de
Normandie.

Le nom de Le Lieur est celui d'une célébrité rouen-
naise contemporaine, Jacques Le Lieur, poète, échevin,
et auteur du fameux *Livre des Fontaines* (1). Il est très
vraisemblable que le nouveau seigneur du Bosgouet
était de la même famille; mais les généalogies dressées
au XVIIe siècle par les membres de la célèbre famille
parlementaire des Bigot n'indiquent pas, expressément,
le degré de parenté de ces deux personnages (2).

Pierre Le Lieur se démit, en 1531, de ses fonctions
de conseiller au Parlement en faveur de son fils, nommé
Pierre, comme lui. Ce fils a laissé d'assez pénibles, pour
ne pas dire d'assez fâcheux souvenirs. M. Floquet,
dans son *Histoire du Parlement de Normandie* (3) a

(1) T. de Jolimont, *Notice sur la vie et les œuvres de Jacques le Lieur*,
......, (s. l.), 1847, in-8°.

(2) Bibliothèque municipale de Rouen; M. S. Martainville. Y. 24, t. II,
1re partie, f°s 57, 58, 165, 215.

(3) A. Floquet, *Histoire du Parlement de Normandie*. Rouen, 1840,
in-8°, t. II, p. 11, 42-46, 61-63.

dit les causes qui amenèrent l'interdiction de notre Parlement (17 septembre 1540) ; puis son rétablissement (7 janvier 1541), lors duquel neuf conseillers, des plus compromis, demeurèrent interdits. Pierre Le Lieur, sieur du Bosgouet, était de ce nombre. On sait même qu'un peu plus tard il fut « détenu en arrest au Vieil-Palais, puis bientôt transféré à Paris ». Cependant, par lettres patentes du 2 avril 1543, il fut rétabli dans ses fonctions. Comme, plus tard, il donna des signes non équivoques d'excentricité, de violence de caractère, puis d'aliénation mentale, on ne saurait dire si les mesures de rigueur dont il fut l'objet en 1541 étaient dues à des raisons politiques, si même elles n'ont pas été la cause du dérangement de son esprit, ou si, au contraire, elles n'étaient pas motivées par sa conduite même et par son état mental. Nous pencherions vers cette dernière opinion en voyant que le père de notre conseiller, lorsqu'il demanda, en 1531, au Parlement d'agréer la résignation de son office en faveur de son fils, priait la compagnie « de ne voulloir prendre garde aux jeunesses et legeretez de son filz, le quel il espéroit moyennant le bon exemple qu'il pourroit prendre en la compaignie, debvoir estre homme de bien ». Tout ceci, et ce que nous allons voir, n'empêche pas, oh ! mensonge des louanges humaines, le conseiller poète Le Chandelier de représenter son collègue Pierre Le Lieur comme « le digne fils d'un conseiller très distingué » (1). Tandis, cependant, qu'un collègue le comblait d'éloges, les registres secrets du Parlement éta-

(1) Floquet, op. cit., t. II, p. 63.

blissaient qu'il était « violent à l'excès, grossier, querelleur, se livrant sans réserve à ses emportements jusque dans les rues ; se battant contre des ouvriers de la draperie et se mettant, par suite, dans le cas d'être traduit devant les chambres pour ses excès, forces et violences ; si peu maître de lui et comprenant si mal son devoir, qu'un jour il se révolta contre la Cour tout entière. Une nouvelle plainte avait été déposée contre lui ; le président de Monfreville le voyant entrer dans la chambre du conseil lui dit : « M. Le Lieur retirez-vous, on rapporte une requête qui vous touche ; à quoi Le Lieur répondit « petulamment et avec arrongance qu'il ne se retirerait point » ; « il faut que vous vous retiriez, insiste le président ; « non feray, non feray, répliqua Le Lieur, et fussiez-vous plus grand nombre, fussiez-vous quarante, je ne sortirai pas » (1).

Cet état dégénéra en folie complète, et sa famille dût demander à la Cour son internement. « Il fut privé de sa charge à cause de l'aliénation de son esprit, et l'ayant résiliée à Jean Le Lieur, son fils, il mourut au monastère des Augustins le 13 ou le 14 de febvrier 1548 » (2).

Au dérangement de son cerveau se joignait, paraît-il d'après les documents que nous vous communiquons, le désordre au moins partiel de sa fortune, désordre commencé par son père, il est juste de le reconnaître.

En effet, dès avant l'interdiction du Parlement et les

---

(1) E. Gosselin, *Des usages et des mœurs de MM. du Parlement de Normandie*, dans *Revue de la Normandie*, t. VIII, année 1868, p. 555.
(2) M. S. Martainville, Y. 24, t. II, 1re partie, fo 165 vo.

incidents que l'on vient de voir, le fief du Bosgouet avait été saisi par les créanciers des conseillers Le Lieur, et, finalement, mis en vente puis adjugé, aux dates des 27 octobre et 8 novembre 1539, au fameux connétable Anne de Montmorency, par le prix de 12,000 livres tournois.

Une procédure d'ordre et distribution des deniers fut ouverte. Deux expéditions partielles, délivrées à deux des créanciers colloqués, se trouvent encore au chartrier des Le Boulanger de Boisfremont. Elles nous paraissent mériter d'être reproduites parce que leur rapprochement avec la procédure précédente de 1509 confirme et corrobore d'une autorité nouvelle les aperçus et les renseignements que nous en pouvons tirer sur les fortunes et la question d'argent au xvi° siècle.

Cette seconde procédure nous montre, non seulement que les créanciers produisant étaient « en grand nombre », mais même que le prix de vente fut insuffisant à les désintéresser tous intégralement. Les créanciers qui avaient pris l'initiative de la saisie étaient honorables hommes Robert et Germain Le Lieur, frères, bourgeois, marchands, demeurant à Paris. Etaient-ils parents du saisi ? Oui sans doute, car on retrouve leurs prénoms dans la famille de l'échevin Jacques Le Lieur, qui avait des parents marchands à Paris (1).

La cause de la saisie était celle-ci : (2)

Robert et Germain Le Lieur avaient cautionné solidai-

(1) T. de Jolimont, *Notice sur la vie et les œuvres de Jacques Le Lieur* (s. l.), 1847, in-8°, p. 7.

(2) V. Pièce justificative n° III.

rement le père, alors défunt, du conseiller Pierre Le Lieur et sa mère Luque Jubert dans la constitution d'une rente annuelle de 225 l. t., au capital de 2,700 livres par eux faite à un bourgeois, marchand de Paris, Denis Barthélemy; elle était faite pour un délai de quatre ans. La constitution de rente datait du 12 août 1530; elle eût donc dû être remboursée en 1534 ! A défaut des débiteurs principaux, Robert et Germain Le Lieur avaient dû effectuer ce remboursement; mais les arrérages n'avaient pas même été payés par les débiteurs, et il leur avait fallu les payer aussi! Accessoirement encore, ils réclamaient les frais de procédure et des dommages-intérêts. Somme toute, la créance totale des frères Robert et Germain Le Lieur montait à plus de 5,026 l. t. Mais quand on vint à procéder à la distribution du prix de vente, comme d'autres créanciers la primaient, il ne restait plus de « clers deniers » que 1,422 l. 9 s. 8 d., et ils demeuraient créanciers impayés pour 3,609 l. 10 s. 4 d. t. Ils déclarèrent alors qu'ils entendaient appliquer l'acompte qu'ils recevaient à l'extinction d'autant sur les arrérages qu'ils avaient payés; et, pour le reste de leur créance, ils se retournèrent contre la veuve de leur débiteur, Luque Jubert, demandant paiement sur une somme de 4,000 livres à elle attribuée préalablement à eux pour ses reprises et créances. Germain Le Lieur réclamait en outre, tant sur le prix de la vente du fief du Bosgouet que sur la dame Jubert, comme co-venderesse, la garantie de la vente du fief de Malmains sis au Bosgouet, à lui passée le 21 août 1530 par les deux époux. Cette dame se défendait par plusieurs raisons qu'elle mettait en avant ; elle répondait, notamment, aux frères Le Lieur qu'il y avait « assez d'héritages assiz en France où son deffunct mary avoit part et droict, plus qu'il ne leur estoit deu ». Provisoirement il fut dit qu'elle emporterait ses 4,000 livres, mais moyennant caution de les rapporter si plus tard il était ordonné.

Un autre des créanciers produisants était « honorable homme Pierre Le Prevost, seigneur du Val-Caillouel » (1). Ce seigneur, qui n'appartenait pas à la noblesse, ce que prouve manifestement l'absence de qualification nobiliaire, était vraisemblablement un riche particulier, ne se faisant pas faute d'acheter des créances, sans doute à bon compte, pour en tirer le meilleur parti possible.

En effet il se présentait à plusieurs titres :

1° Il était cessionnaire des droits de douaire attribués sur le fief du Bosgouet à Alix Le Clerc, veuve en premières noces d'un ancien propriétaire de ce fief, François Le Cornu, puis d'Andrieu de la Perreuze (2). Ce douaire consistait en une rente viagère de 90 l. t., remboursable au principal de 900 l. t. et était établi ou au moins constaté par arrêt du 13 octobre 1509. Ici

(1) V. pièce justificative n° II.

(2) Il paraît y avoir contradiction, au sujet de cette Alix ou Alizon Le Clerc, entre le document que nous analysons en ce moment et la saisie de 1509. Dans l'acte de 1509, elle est dite veuve de Jacques Le Fèvre. Ici on la dit veuve de François Le Cornu. L'acte de 1509 dit, au contraire, que la veuve de François Le Cornu avoit pour prénom Jeanne, et non Alix. Il n'indique pas de nom de terre. Il semble qu'ici : *François Le Cornu* est une erreur de pl.....

une complication se produisit. Personne, ni l'adjudicataire ni aucun des autres créanciers auxquels on le proposa successivement, ne voulut garder ou recevoir les 900 livres à charge de servir le douaire annuel de de 90 livres. L'honorable homme Pierre Le Prevost ne le voulut pas davantage, et le juge commissaire statua que ces 900 livres demeureraient provisoirement aux mains du connétable de Montmorency, qui serait déchargé du service de la rente. Seulement les époux Le Lieur-Jubert n'avaient guère mieux payé le douaire de ladite veuve que les arrérages de la rente de Denis Barthélemy ; péniblement et irrégulièrement ils avaient fait quelques paiements ; mais, de compte fait, ils redevaient au cessionnaire Le Prevost la somme considérable de 1,391 l. 6 s. 6 d. Rappelons, pour mémoire, que ce dernier réclamait en outre quelques taxations de dépens résultant de contestations antérieures ou de menues dettes ou cédules.

D'autre part, il était encore cessionnaire des dépens adjugés à un certain Jean Butel ou Burel, à l'occasion d'un décort relatif à une cession de dîmes passée par Pierre Le Lieur, dont les conditions et détails sont trop sommairement indiqués pour qu'on s'en puisse rendre compte.

Pierre Le Prevost faisait en outre des réserves et demandait garantie éventuelle au sujet de la validité de la vente de deux pièces de terre dépendant du fief du Bosgouet, à lui consentie par les époux Le Lieur-Jubert, dans des conditions assez singulières. Le Prevost avait acheté d'un tiers ces pièces de terre, sans doute à sa convenance. Pierre Le Lieur, le seigneur du fief, qui connaissait vraisemblablement la situation, s'était empressé d'user de son droit de retrait seigneurial et d'évincer l'acquéreur. Mais après, il les avait rétrocédées sans doute à des conditions avantageuses pour lui, à Pierre Le Prevost qu'il venait d'évincer, en déduction d'autant des arrérages de ce douaire d'Alix Le Clerc, douaire que, on vient de le voir, il ne pouvait payer.

Enfin, Le Prevost réclamait encore deux petites dettes constatées par cédules à lui souscrites par la dame Luque Jubert. Au total, Le Prevost fut colloqué pour 2,580 l. 19 s. 11 d.

Nous ignorons les noms des autres créanciers et le montant de leurs créances. Nous savons, toutefois, qu'en plus de ses reprises, la veuve de Pierre I⁰ʳ Le Lieur fut colloquée pour une somme de 207 l. 6 s. 2 d. t. L'histoire et la cause de cette créance nous donneront un exemple frappant et lumineux du désordre et de l'incurie qui régnaient dans l'administration des finances publiques au xvi⁰ siècle.

Lorsque Pierre Le Lieur eut fait, en 1509, l'acquisition de la seigneurie du Bosgouet, il obtint, par lettres patentes données à Blois, le 8 novembre 1509 (1), remise des droits de treizième (autrement dits droits de mutation). Mais, en visant les lettres royales, la Cour des comptes de Paris y avait ajouté, comme condition, que l'acquéreur verserait au Trésor royal, à titre d'indem-

---

(1) Chartrier de M. G. Power. Original sur parchemin, signé (déchirure après la signature).

nité, une somme de 207 l. 6 s. 2 d. (1). Les époux Le Lieur-Jubert ne payèrent pas plus cette somme que les autres dettes dont il vient d'être question. Le Trésor royal les laissa à peu près tranquilles. Seulement, le 15 juin 1534, la femme de Pierre Le Lieur obtint de François Ier qu'il lui fût fait don de cette indemnité ; et lorsque ce roi passa à Mauny, le 30 (?) août 1540, elle profita de son séjour dans la contrée pour obtenir de nouvelles lettres confirmatives. C'est en vertu de ces dons successifs qu'elle se faisait colloquer spécialement sur le prix de vente du Bosgouet, indépendamment de ses autres reprises (2). En résumé, par suite de toutes ces libéralités consécutives, le Trésor ne toucha rien de ses droits sur la vente de 1509.

Quelle fut, dans la procédure de 1540, l'attitude du conseiller Pierre II Le Lieur? Il semble s'en être désintéressé. Il n'était pourtant alors, ni en disgrâce ni en prison ; mais, soit incurie et excentricité, soit qu'il vît que le prix de la saisie dût être absorbé et au-delà, il fit défaut : « Présentement, dit un des états de collocation, a esté appellé maistre Pierre Le Lieur, conseiller dudit seigneur [le roi] en la dite court, filz et héritier dudit deffunct et par semblable en son nom obligé en plusieurs de ses debtes, qui ne s'est comparu ne aucuns fondé pour luy, pourquoy il a esté mis en deffault » (3).

(1) Chartrier de M. G. Power. Expédition sur parchemin.

(2) *Ibid.* Ordonnance de collocation, parchemin, en date du 14 décembre 1540.

(3) Même document.

La famille Le Lieur était-elle donc absolument ruinée et disparut-elle ? On eût pu le croire, puisque le prix de vente n'avait pas suffi à payer intégralement les créanciers. Probablement, ils furent payés sur d'autres biens ? Il dut rester quelque fortune à la famille, car Pierre II, le conseiller mort fou et enfermé, eut plusieurs enfants dont l'un fut conseiller au Parlement de Rouen puis à celui de Paris, et d'autres paraissent avoir été mariés dans leur monde (1). Toute liquidation et toute saisie n'est pas une preuve de ruine absolue. C'est toujours, cependant, une marque d'incurie et de gêne, c'est une maladie, dans la vie des familles, mais elle n'est pas toujours mortelle. Au surplus, ces liquidations et ces ventes de terres nobles facilitaient la circulation des biens. En général — car, par exception, ce n'est pas le cas de la seconde saisie, — elles aidaient les familles nouvelles à prendre pied dans la classe supérieure, et à remplacer celles qui disparaissaient ; en effet, comme dit un personnage d'une jolie nouvelle d'André Theuriet (*Le Don Juan de Vireloup*), il en est des familles comme de la lune : elles s'arrondissent petit à petit, se montrent dans leur plein un beau soir, puis décroissent et disparaissent.

(1) Ms. Martainville, Y. 24, *ut suprà*.

I.

8 juin 1509. — (*Adjudication par décret du fief, terre et seigneurie du Bosgouet, et distribution entre les créanciers des deniers du prix de la vente*).

Loys par la grâce de Dieu roy de France à tous ceulx qui ces presentes lettres verront salut; comme dès le sixième jour d'octobre mil cinq cens et huit eust esté levé descharge par les généraulx de noz finances montant la somme de mil livres tournois à prandre sur Francoys Le Cornu en son vivant recepveur des tailles en l'éllection de Caudebec que l'en disoit estre allé de vie a decez dès le moys de may precedent et estre demeuré en reste envers nous en la dite somme de mil livres par l'estat de ce fait par les generaulx de nos dites finances pour les deux premiers quartiers de l'année commençant en janvier mil cinq cens et sept, et icelle descharge envoyée à Jehan Lallemant lors recepveur général des dites finances en notre pays et duché de Normandie, le quel ou Nicolas Aubert son procureur se feust transporté par devers Jehan du Hamel sergent royal en la vicomté du Pontautou et Pontaudemer serganterie de Ronmoys et luy eust presenté la dite descharge avec ung mandement executoire donné de nos dits generaulx des finances, en vertu de quoy et à la requeste du dit Aubert le vingtième jour du dit moys d'octobre ou dit an cinq cens huit le dit sergent s'estoit transporté en la ville de Caudebec en la maison où le dit Le Cornu estoit demeurant lors de son decez en laquelle il avoit trouvé Johanne veufve du dit deffunct, Guillaume et Laurence leurs enffans soubs aagés et pour leur mynorité et bas aage les avoit fait conduire et conseilller par la dite Johanne leur mere et Estienne Le Mennisier et appléger par Robert du Basc leurs tucteurs et gardains et iceulx somméz de luy bailler et delivrer des biens meubles exploictables appertenans au dit deffunct ou à ses hoirs pour la dite somme de mil livres en leur faisant ostencion des dites lettres de descharge et mandement de nos dits generaulx des finances, les quelz veufve et tucteurs avoient fait responce qu'ilz n'avoient aucuns biens meubles au dit deffunt ne a ses hoirs appartenans et dit icelle veufve qu'elle ne s'estoit portée heritiere ne fait aucune recueulte des meubles de son dit feu mary, aprez lesquelles responces le dit sergent s'estoit inquis se il pourroit recouvrer autres enffans et heritiers du dit deffunct et avoit trouvé que Robert Le Cornu son filz aisné estoit demourant à Rouen en la maison de maistre Yves Lange son maistre où il s'estoit transporté et trouvé le dit Robert le quel pour sa mynorité il l'avoit fait conduire par Richard de Bouville et appleger par Pierre Guerould en la presence dudit Lange, auquel il avoit fait semblable sommacion que dessus de bailler des biens meubles, qui luy avoit fait response qu'il n'avoit aucuns biens meubles ; a ces causes leur avoit declaré que l'intencion et voulloir du dit Lallemant estoit de faire decreter les fiefs, terres et revenuz au dit feu Le Cornu appartenans pour recouvrer le paiement des dites mil livres. A ceste fin le dit sergent le Dymenche vingt deuxième jour d'octobre ou dit an cinq cens huit s'estoit transporté en la parroisse du Boscgoet saisy des dites lettres de descharge et mandement de nos dits generaulx des finances pour prandre et mectre en notre main le dit fief terre et seigneurie du Boscgouet que l'en disoit avoir appartenu au dit Le Cornu et en estre joissant et propriectaire lors de son decoz et illec à l'ouye de gens yssue de la grant messe parroissial du dit lieu avoit fait la prinse du dit fief du Boscgouet et icelle mise en notre main et toutes ses circonstances et deppendences quelzconques tant et donmayne fieffé que non fieffé grains, œufz, oiseaulx, moulin a vent et toutes autres rentes et revenues preeminences et droitz seigneuriaulx au dit fief appartenans en faisant lecture et publicacion des dites lettres de descharge et mandement et aprez quarante jours passez et ensuyvans depuis la dite main mise le dit sergent s'estoit transporté en la dite parroisse du Boscgouet et illec par troys jours de dymenche tous continuelz dont le dernier avoit esté le dernier jour de decembre ou dit an cinq cens huit avoit fait troys criées publicquement a ouye de gens et yssue de la grant messe parroissial du dit lieu du Boscgouet en faisant savoir que le dit fief, terre et seigneurie du Boscgouet avec toutes ses appartenances, preeminences et deppendances seroit passé par decret aux prochaines assises ensuivant du Pontautou et Pontaudemer au territoire du quel le dit fief est assis, les quelles criées il avoit faictes sur le prix de cent livres de rente racquictable à notre prix a quoy du premier denier l'avoit mis le dit Aubert procureur du dit Lallemant, et depuis, par notre procureur general sur le fait de la justice de noz aides en notre dit pais de Normandie et le dit Lallemant notre recepveur général, avoient esté obtenuz lettres en notre chancellerie de Rouen le douzieme jour de Janvier ou dit an cinq cens huit tendans affin de faire passer le decret du dit fief du Boscgouet en notre dite court des generaulx pour les causes mencionnées es dites lettres et en vertu d'icelles et du mandement de notre dite court dabté du treizieme jour du dit moys de Janvier presentees au dit Du Hamel sergent s'estoit de rechef le dit sergent transporté en la dite parroisse du Boscgouet par troys jours de dymenche tous continuelz dont le dernier auroit esté le vingthuitième jour de Janvier ensuyvant et a chacun des dits jours dymenche à ouye de gens à yssue de la grant messe parroissial du dit lieu du Boscgouet avoit faict lecture des dites lettres de descharge lettres royaulx et mandement et notoirement fait savoir que le dit fief terre et seigneurie du Boscgouet avec ses appartenances et deppendances se passoit par décret en notre dite court des généraulx au vingtieme jour de mars ou dit an cinq cens et huit; les quelles criées et sollempnitez ainsi faictes et rapportées en notre dite court avoient esté decernees commissions les vingt cinquieme jour de fevrier et tiers jours de mars ou dit an V^c VIII tant à Guillaume Toustain greffier de notre dite court que au premier huissier d'icelle ou sergent sur ce requis pour faire faire les prisée et estimacion par gens nobles et vavasseurs, maçons et charpentiers du revenu du dit fief du Boscgouet ainsi qu'il est accoustumé faire en tel cas. Et en vertu d'icelles commissions le dit Duhamel sergent avoit semons et adjourné plusieurs personnes de la qualité dessusdite. Assavoir est Jehan Hardelay, Jehan Berteaume l'aisné, Jehan Fergeot, Jehan Bertheaume le jeune, Richard du Quesnay sieur du lieu, Nicolas Filleul sieur de Fresnes, Robert Tournebu sieur d'Offranville, Colin et Raoulin ditz Hardelay tous nobles personnes, Robert Hardelay, Guillaume et Jehan ditz Aubery, Guillaume Viel, Jehan du Bosc et Perrenot du Vivier vavasseurs, Guillaume Helye, Guillaume Desmaretz et Perrin Mansel laboureurs tous prochains voisins du dit lieu du Boscgouet, Jehan Jourdain, Jehan de la Haye et Guillaume Cottoys charpentiers, maistre Toussains de Carrouge et Pierre Marie maçons, lesquelz en vertu desdits mandemens et commissions et en acquiessant audit adjournement se seroient transportez en la dite parroisse de Boscgouet le quatrieme jour dudit moys de Mars V^c VIII et en la presence du dit Toustain greffier et commissaire de notre dite court à recepvoir la dite estymacion et appreciassion, illec veu, marché et visité le manoir seigneurial, terre, boys, moulin à vent et autre revenu du dit fief du Boscgouet dont ilz eussent communiqué et déliberé ensemble et par aprez fait prisée et estimacion par les singulières parties et trouvé icelluy fief monter en tout revenu jusques à la somme de six cens livres quatorze solz quatre deniers tournoys de rente vallant à notre prix pour une foys payer la somme de six mil sept livres troys solz quatre deniers tournois ainsi qu'il appert par le rapport des dits appreciateurs recueilly par le dit greffier commissaire, deuement signé et actesté, dabté du douzeieme jour du dit moys de Mars V^c VIII, et depuis par notre dite court des généraulx eust esté decerné mandement du saizeieme jour du dit moys de mars cinq cens huit pour sur le dit prix de six cens livres quatorze solz quatre deniers tournois de rente faire dabondant une criée du dit fief à oye de gens et yssue de la grand messe parroissial du dit lieu du Boscgouet qui avoit esté faicte par le dit du Hamel sergent le dymenche dixhuitieme jour du dit moys de mars cinq cens huit en faisant savoir à tous publiquement que le decret dudit fief du Boscgouet avec toutes ses appartenances et deppendances se passeroit en notre dite court des généraulx au dit vingtieme de mars V^c huit et que si aucune personne y voulloit pretandre droiture, icelluy encherir a plus hault prix que la dite appreciacion, soy y opposer, debatre ou contredire la vendue et decretacion d'icelluy fief y comparust et il y seroit oy et receu ainsi qu'il appartiendroit. Au quel vingtième jour de mars le passement du dit decret par notre dite court des généraulx fut différé jusques au vingt deuxième jour du dit moys de mars ensuyvant, au quel vingt deuxieme de Mars à la requeste de nos dits procureur et recepveur géneral, les dilligences et solempnitez dessus dites et tout ce qui fait avoit esté en la dite matière furent leues en notre dite court la quelle tout considéré, dist et déclara les dites prinses criées et subhastacions du dit fief du Boscgouet et toutes les solempnitez et diligences en tel cas requises et acoustumées avoir esté bien et deuement faictes entretenues et acomplies, et en vertu d'icelles notre dite court des generaulx passa et vendy par decret ledit fief du Boscgouet avec toutes ses dignitez, libertez, franchises, appartenances et deppendances au prix dessus dit sauf la question des opposans et le droit des enchérisseurs qui furent continués jusques au Jeudi d'aprez quasimodo ensuyvant, et pour ce que au dit Jeudi d'aprez quasimodo aucune personne ne voullut encherir le dit fief, aussi que notre dit recepveur général ne voullut icelluy avoir ne prandre au prix de la dite apreciacion mais demandoit seullement le paiement de la dite somme de mil livres a nous deue se aida de certaines noz lettres par luy et notre dit procureur general impetrées en notre chancellerye de Rouen le deuxieme d'avril avant Pasques ou dit an cinq cens huit, par les quelles lettres et pour les causes y contenues les dits impétrans prétendoient que non obstant les dites appreçiacion et vendue par décret le dit fief du Bosgouet feust de rechef crié et subhasté sur le dit prix de mil livres a nous deu, ce que voullut deffendre le dit Mannessier l'un des pleges du dit Francoys Le Cornu touchant sa dite recepte et aussi l'un des tucteurs des enffans myneurs d'ans du dit feu Francoys Le Cornu soustenant le dit Menessier que notre dit recepveur general estoit tenu et subject prandre le dit fief au prix d'icelle appreciacion ; sur quoy les dites parties furent appoinctez par notre dite court des generaulx a escripre, produire et clorre par devers elle ce qu'elle eust fait, et tout veu et considéré icelle notre court dist et declara par son arrest prononcé le dixhuitième jour de may cinq cens et neuf que de rechef seroit fait une criée du dit fief du Boscgouet sur le prix de deux mil livres tournois à la quelle somme icelle notre dite court estymoit le dit fief estre de valleur en dix ans et bailla mandement dabté du vingtquatrieme jour du dit moys de May pour icelle criée faire, en ensuyvant les quelz arrest et mandement le dit du Hamel sergent feist la dite criée le dymanche vingt septieme jour du dit moys de May ou dit an cinq cens et neuf à ouye de gens et yssue de la grant messe parroissial du dit lieu du Boscgouet declarant publicquement que, sur le dit prix de deux mil livres decret du dit fief avec toutes ses appartenances et deppendances se passeroit et adjugeroit au plus offrand et derrain enchérisseur en icelle notre dite court des generaulx au Lundi d'aprez la feste de la Trinité qui estoit le quatrieme jour de Juing ou dit an mil cinq cens et neuf, au passement duquel décret s'opposerent les personnes dont les noms ensuyvent : S'opposa Nicolas Robelot procureur du dit Lallemant pour sur le prix du dit decret recouvrer le paiement de la somme de mil livres contenue en la descharge du dit sixieme jour d'octobre cinq cens et huit pour la quelle somme les dites prinse, criées et autres sollempnitez avoient esté faictes et acomplies et ledit decret passé. Item se opposa le dit Nicolas Robelot procureur de Guillaume Preudomme et du dit Lallemant, ledit Preudomme commis a la recepte generalle de Normandie pour le dit Lallemant pour avoir paiement des fraiz, mises et despens par luy faiz à la poursuilte dud. décret qu'il entendoit bailler par declaration. Item s'opposa le dit Robelot procureur de Jehan de Poncher notre conseiller et tresorier de noz guerres pour sur le dit prix du dit decret recouvrer le paiement de quatre cens quarante troys livres dix solz restans du contenu en une descharge sur la dite recepte des tailles de Caudebec sur les quartiers d'Avril, May et Juing cinq cens huit, icelle descharge montant à la somme de deux mil deux cens livres la quelle avoit esté baillée à Richard de la Chaussaye l'un des pleges du dit feu le Cornu recepveur, lequel de la Chaussaye en avoit baillé sa contrelettre signée de luy. Item s'opposa maistre Loys Deslandes procureur de venerable et discrete personne maistre Guillaume Cappel prestre chanoyne de Rouen pour avoir paiement sur le prix du dit decret de la somme de cinq cens neuf livres dix solz ung denier en une partie en quoy le dit le Cornu estoit obligé aud. Cappel par cedulle dabtée du treizième jour de Décembre mil cinq cens recongnue par devant le lieutenant général du viconte de Rouen le dix neufvieme jour de Janvier ou dit an et aussi pour avoir paiement en une autre partie de la valleur de sept marcz troys onces d'argent prestez par le dit Cappel aud. Le Cornu comme appert par cedulle dabtée du tiers jour de Janvier mil quatre cens quatrevingtz dix sept et recongnue par devant le lieutenant général dud. viconte le xxixe jour de Janvier ou dit an mil V^c. Item s'opposa le dit Robelot procureur de Nicolas de May escuier affin d'avoir paiement sur les deniers sortissans dud. decret de la somme de cent cinquante livres moitié de la somme de troys cens livres a luy ordonnée pour partie de sa pension de l'année finie en decembre V^c et VII à prandre sur lad. recepte des tailles de Caudebec comme appert par sa descharge des generaulx de noz finances du tiers jours de may mil cinq cens et huit et aussi pour recouvrer en autre partie le paiement de la somme de cent livres dix solz pour partie de la somme de deux cens livres semblablement ordonnée au dit de May pour le parpaiement de cinq cens livres de pension de l'année escheue en decembre cinq cens et sept et à ceste fin se aidoit d'une descharge levée sur lad. recepte des tailles de Caudebec dabtée du douzeieme jour d'Aoust oud. an mil cinq cens et huit. Item s'opposa led. Robelot procureur de Françoys Blanchefort escuier sieur du lieu affin d'avoir paiement de la somme de cent cinquante livres restant de la somme de troys cens livres tournois ordonnée aud. Blanchefort pour sa pension de l'année finie le dernier jour de decembre cinq cens et sept commé il faisoit apparoir par une descharge de nosd. generaulx des finances dabtée du dix-huitieme jour d'Avril avant Pasques oud. an cinq cens sept. Item s'oppose Jehan de Heris escuier pour sur le prix dud. decret recouvrer le paiement du principal et arrerages de cent cinquante livres tournois de rente a luy deue par led. Le Cornu soy aidant des lettres de la creacion d'icelle rente dabtée du septieme jour de Juillet mil cinq cens et six disant tous les arrerages de lad. rente luy estre deubz depuis la creacion d'icelle, reservé demye année qu'il confessoit avoir esté par luy receus. Item s'opposa Philippes Rigault comme procureur de Maistre Guillaume Legras presbtre doyen et chanoyne en l'esglise kathedral Notre-Dame de Rouen, affin d'avoir paiement sur led. prix du principal et arrerages de quinze livres de rente a luy deue par led. Le Cornu comme apparoissoit par lettres passées devant les tabellions de Rouen le vingt quatrieme jour de Decembre mil cinq cens et ung disant et confessant que desd. arrerages led. Le Gras son maistre en avoit seullement receu la somme de cinquante livres. Item s'opposa Patris Farin procureur de Jacques Le Pelletier l'aisné escuier sieur de Martainville affin d'avoir paiement sur les deniers yssans dud. décret du principal et arrerages de cent solz tournoys de rente à luy deue par led. Le Cornu soy aidant de ses lettres passées par devant les tabellions de Rouen le cinquième jour de Mars mil cinq cens et troys disant lesd. arrerages estre deubz a son d. maistre depuis la creacion d'icelle rente. Item s'opposa Guernot Lynant procureur de Anthoine Surmullet pour sur lesd. deniers recouvrer le paiement du principal et arrerages de saize livres tournois de rente a luy deue par led. Le Cornu comme il faisoit apparoir par sa cédulle dabtée de l'unzième jour de decembre mil cinq cens et troys recongnue par devant le lieutenant du viconte de Maulevrier le vingt septieme jour de Novembre cinq cens quatre par la quelle cedulle il apparoissoit que led. le Cornu avoit vendu lad. rente de saize livres tournoys à Messire Robert de Mainemares chevalier seigneur de Bellegarde le quel du depuis l'avoit transportée aud. Surmullet comme il monstroit par lettres passées pardevant les tabellions de Blacqueville le tiers jour de Decembre mil cinq cens et huit, disant led. procureur estre deu a sond. maistre la somme de vingt quatre livres d'arrerages escheuz au terme de Noel dernier passé. Item s'opposèrent Robert et Jacques ditz du Quesnay, escuiers, enffans et haritiers de deffunct Robert du Quesnay affin d'avoir paiement sur le dit prix du principal et arrerages de cent solz tournois de rente en laquelle estoit obligé ledit le Cornu par lettres passées devant les dits tabellions de Rouen, le dernier jour d'aoust mil cinq cens et deux, disanz que des dits arrerages leur estoit deu six années et demye. Item s'opposèrent Audry de la Perreuze et Alizon le Clerc en femme enparavant femme de maistre Jacques le Févre affin que ledit fief du Bosqguest demeure envers eulx subject et obligé en quatre vingtz dix livres tournois de rente à vie et douaire de lad.

femme et qu'ilz emportent sur ledit prix la somme de neuf vingtz deux livres d'arrerages de lad. rente à vie escheue au terme de Pasques ou dit an cinq cens et neuf, eulx aidans de certaines lettres d'appoinctement faictes et passées par devant les tabellions de Rouen le vingt deuxiesme jour de novembre mil quatre cens quatre vingtz et quatre, emologuez par la court de l'eschiquier. Item s'opposèrent lesd. le Mannesier et sa femme mère dud. deffunct le Cornu affin que led. fief du Boscgouet qui fut au dit feu Robert le Cornu son deffunct mary père dud. feu Françoys le Cornu demeure subgect et obligé en son douaire coustumier tel que appartenir povoit à lad. femme selon la loy et coustume du pays. Item s'opposa Guillaume Congnart le jeune affin que le bail et louage à luy fait par ledit Le Mannesier procureur et recepveur de lad. seigneurie du Boscgouet fait et passé es plez de lad. seigneurie tenuz le vingt septieme jour de may dernièrement passé de certaine pièce de terre du doumayne dud. fief du Boscgouet sortisse son plain et entier effect et qu'il soit fait joir dudit louage durant le temps contenu en icelluy bail par protestacion que s'il estoit évincé et deboutté d'icelluy qu'il eust sa récompense tant de la levée que tout autre dommage sur les deniers yssans dudit décret. Item, s'opposa maistre Loys le Preux prebtre, curé de Caumont, affin que ledit fief demeure chargé et obligé en la garantie du principal et arrérages de cent cinquante livres de rente par ledit le Cornu deffunct vendue à Johan Heris, [avec le ?] plège dudit le Preux opposant, soy aidant de ses lettres passées le septiesme jour de juillet mil cinq cens et saize (*sic*) (1). Item s'opposa maistre Loys le Breton prebtre, curé de Bardouville affin que led. fief du Boscgouet demeure envers luy subgect en trente solz tournois de rente à vie et sept solz six deniers d'arrerages, soy aidant de ses lettres de l'obligation dudit deffunct maistre Jacques le Fevre passez devant les tabellions de Rouen le vingt cinquiesme jour d'octobre mil quatre cens quatre vingtz

______

(1) *Lis.* : six.

et deux auquel le Fevre ledit fief avoit appartenu. Item s'opposa Pierre de Prestremare, affin que led. fief ou les deniers qui sortiront dudit decret demeurent envers luy subgectz et affectez en la garantie de la plevyne par luy faicte pour ledit deffunct Lecornu de sondit office de recepveur des tailles en lad. ellection de Caudebec, soy aidant à ceste fin du brevet passé devant les tabellions de Caudebec le quatreiesme jour de novembre mil cinq cens et six. Et aussy s'opposa ledit Prebstremare pour recouvrer le paiement de quatorze livres tournois par luy paiez comme plége du dit le Cornu, soy aidant de deux quictances dabtez des penultime jour d'aoust et deuxième de novembre en l'an mil V^c et VII. Item s'opposa Jehan Estambourg (1) seigneur de Cantipou affin que led. fief demeure envers luy subgect et obligé en vingt quatre livres de rente foncière restant de quarante livres de rente foncière soy aidant de ses lettres, les unes dabtées du vingt septiesme jour de décembre mil cinq cens et les autres du vingtquatreiesme jour dudit moys mil cinq cens et ung. Et pour avoir paiement des arrerages qui en pourroient estre deubz et des despens faiz à la poursuilte desd. arrérages. Aussi s'oppose ledit Descambourg pour sur le prix dudit décret recouvrer le paiement de la somme de dix livres à luy deue par led. le Cornu par cedulle recongnue en justice le septiesme jour d'octobre mil cinq cens et huit. Item s'opposa Nicolas du Bosc marchant de Rouen pour sur ledit prix avoir paiement de la somme de cent dix livres deux solz qu'il disoit luy estre deue par quatre cedulles, la première dabtée de l'unzeiesme jour de novembre mil cinq cens quatre, la deuxiesme du cinquiesme jour de décembre, la tierce du dernier jour de Mars cinq cens et cinq et la quatreiesme du septiesme jour de Mars mil cinq cens et sept, verifflez par devant le viconte de Caudebec le quatorzeiesme jour d'aoust mil cinq cens et huit. Item se opposa Richard de la Chaussaye pelletier demourant à Rouen pour la garantie de la pleu-

(1) *Lis.* : Ercambourg.

vyne par luy faicte envers Jehan de Haris de la somme de
cent cinquante livres de rente a luy deubz par led. le Cornu.
Aussy s'opposa pour estre rendu indampne de la pleuvyne
qu'il disoit par luy avoir esté faicte pour ledit le Cornu de
lad. recepte des tailles de Caudebec et de tous interestz et
dommages en quoy il eust peu encourir à cause de lad. pleuvyne. Item s'opposa Guillaume Desmarestz l'aisné affin que
le bail à louage à luy fait par ledit le Mennesier comme procureur et recepveur d'icelle seigneurie du Boscgouet es plez
d'icelle tenuz le treizeiesme jour d'avril avant Pasques mil
cinq cens et sept d'une piece de terre du donmaine d'icelluy
fief demeure en force et vertu, et qu'il joisse de sondit bail
durant le temps d'icelluy protestant que s'il en estoit evincé
et deboutté d'avoir son restor et recompense sur ledit prix,
tant de la levée que de ses autres interestz et dommages.
Item s'opposa Laurens Beret (ou Veret) affin qu'il joisse de
certain bail à luy fait par ledit le Mennesier es ples de lad.
seigneurie du Boscgouet tenuz le sixiesme jour de Novembre
mil cinq cens et ung et ou cas où il en seroit deboutté
d'avoir sa récompense sur les deniers yssans dudit décret.
Item s'opposa Guillaume le Cauchoys affin que le bail à
ferme à luy fait par ledit le Mannesier en la qualité dessus
dite le vingt deuxiesme jour d'Octobre mil cinq cens et sept
sortisse son plain et entier effect par protestacion ou cas où
il en seroit évincé d'avoir son restor sur le prix du dit
décret. Item s'opposa Jehan du Clou appoticaire demourant
à Rouen pour sur ledit prix recouvrer le paiement de la
somme de douze livres huit solz ung denier qu'il disoit luy
estre deue tant pour le luminaire des obsecques et funérailles
dudit deffunt le Cornu que plusieurs autres drogues de son
mestier ainsi qu'il disoit faire apparoir par son pappier.
Item s'opposa Guillaume le Sergent, recepveur des aides en
lad. ellection de Caudebec, pour avoir paiement de la somme
de soixante dix huit livres qu'il disoit luy estre deue par
cedule recongnue en justice le dixneufiesme jour de Mars

mil cinq cens et huit. Item s'opposa Guillaume le Dun bourgoys de Caudebec pour avoir paiement de la somme de saize livres tournois qu'il disoit luy estre deue par ledit le Cornu par taxacion faicte par les generaulx de noz finances, disant qu'il feroit apparoir de ladite taxacion en temps et lieu. Item s'opposa Michault Thiron bourgoys dudit lieu de Caudebec pour avoir paiement de la somme de cent solz six deniers qu'il disoit luy estre deue par ledit le Cornu par compte entre eulx fait dont il s'entendoit aider en procédant à l'estat et affinement dudit décret, non voullans tous lesdits opposans décret dud. fief du Boscgouet estre passé en leur préjudice et que ce ne soit à la charge desdites oppositions.

Aprez les quelles oppositions ainsi mises et couchées aud. decret par lesd. opposans fut crié, publié et fait savoir à l'audience de notred. court des generaulx led. jour de lundy d'aprez la Trinité quatreieme jour de Juing mil cinq cens et neuf que s'il estoit aucune personne qui icelluy fief du Boscgouet voulsist encherir et mectre a plus hault prix que lad. somme de deux mil livres il se comparust et il y seroit oy et receu ; Où se seroient comparuz plusieurs personnes qui avoient enchery led. fief les ungs sur les autres et finablement, par Joachin Le Maignan bourgoys de Rouen led. fief, terre et seigneurie du Boscgouet avec toutes ses circonstances et deppendances avot (sic) esté enchery à la somme de cinq cens livres tournois de rente racquitable a notre prix pour toutes rentes et charges, et, combien que aucune personne ne voulsist icelluy fief à plus hault prix encherir, Neantmoins à la requeste des d. tucteurs, notred. court differa lad. adjudicacion jusques à ce jour huitième de Juing mil cinq cens et neuf, ainsi que toutes ces choses apparroissent par lad. descharge, mandemens, commissions, rapport, lettres, rellacions et arrestz dessusd. qui n'ont cy esté incorporez pour éviter prolixité. Savoir faisons, que aujourdhuy huitieme jour de Juing mil cinq cens et neuf a esté de rechef crié et publié en notre court des generaulx que s'il estoit aucune personne qui led. fief, terre et seigneurie du Boscgouet voulsist encherir et mectre a plus hault prix que cinq cens livres de rente a quoy il avoit esté enchery par led. Joachin Le Maignan led. jour de lundi d'aprez la feste de la Trinité qu'il comparust et il y seroit oy et receu, et pour ce qu'il ne comparut aucun qui voulsist icelluy fief, encherir ne mectre a plus hault prix que cinq cens livres de rente, icelluy fief, terre et seigneurie du Boscgouet avec toutes ses dignitez, circonstances et deppendances avons adjugé et adjugons aud. Joachin Le Maignan comme au plus-offrand et dernier enchérisseur aud. prix de cinq cens livres de rente racquitables par cinq mil livres tournois pour toutes rentes et charges, et luy avons accordé la joissance et possession d'icelluy fief aprez paiement ou garnisssement par luy fait de lad. somme de cinq mil livres pour une foys paier a quoy se monte lad. enchere. En tesmoing de ce nous avons fait mectre notre seel à cesd. presentes par les quelles nous mandons au premier notre huissier ou sergent sur ce requis le contenu en ces presentes mectre a execucion deue selon leur forme et teneur. Donné en notred. court des aides à Rouen, led. huitieme jour de Juing l'an mil cinq cens et neuf et de notre regne le treizeiesme.

(Rouleau de parchemin. — Fragments de trois sceaux. — (Sur le repli) : Par la court des aydes en Normandie : (signé) Guarin).

II.

14 décembre 1540. — *(Collocation partielle en faveur de Pierre Le Prevost, sur le prix de vente après saisie du fief du Boscgouet ayant appartenu à Pierre Le Lieur, conseiller au Parlement de Rouen.*

L'an de grace mil cinq cens quarante, le mardi quatorzeiesme jour de décembre, devant nous Jehan Moges escuyer licencié es loix conseiller du roy notre seigneur, lieutenant général de noble et puissant seigneur Monseigneur le bailly de Rouen et commissaire du roy notre dit seigneur en ceste partie à la journée qui baillée avoit esté aujourdhuy aux obligé decretans et encherisseur du decret du fief terre et seigneurie du Boscgouet appartenant a deffunct maistre Pierre Le Lyeur en son vivant seigneur du dict lieu et conseiller en sa court de parlement au dict Rouen icellui fief scitué et assis en la parroisse dud. lieu eu bailliage de Rouen et viconté du Pontautou et Pontaudemer nagueres passé par decret en l'assise de Rouen siège commis et depputé tenyr par nous lieutenant dessus nommé le samedi huitiesme jour de novembre contynué du lundi vingtseptiesme jour d'octobre l'au mil cinq cens trente neuf, à la requeste et par vertu des lettres de honnorables hommes Robert et Germain dictz le Lieur freres bourgoys marchans demourans en la ville de Paris porteurs du faict et obligation dud. deffunct maistre Pierre Le Lieur et damoyselle Luque Jubert sa femme, enchery et adjugé à hault et puissant seigneur Monseigneur Anne de Mommorency chevallier de l'Ordre, connestable et grand maistre de France ou son procureur de luy deuement fondé, au prix de douze mil livres tournoys pour une foys paier et par ung mesme et seul prix jouxte et ainsi qu'il est amplement contenu et declairé aux lettres desd. decret et enchère; au quel decret plusieurs personnes s'estoient presentez et opposez non pas pour contredire led. decret mais a plusieurs fins quilz avoient baillez par escript au greffe et depuys leur avoit esté ordonné produire devant ung commissaire a ce depputé pour mectre et dresser par ordre lesd. oppositions chacun à son degré et aisneesse et par aprez journée baillée aujourdhuy pour proceder audict estat et affynement. Aujourdhuy de la part dudict seigneur connestable encherisseur a esté présenté led. estat et affynement pour estre procédé a icelluy et à la distribucion des deniers ce qui luy a esté acordé. A laquelle fin ont esté appellez lesd. obligez et lesd. opposans estans en grand nombre qui se sont presentez et comparus les aulcuns en personne et les aultres par leurs procureurs garnis de leurs conseulx et aultres se sont laissez defaillir ainsi que amplement et particullierement il est noté et escript en la codde dud. estat général, neanlmoins led. deffault a esté dict et ordonné qu'il sera procédé aud. estat et affynement et en ce faisant entre aultres opposans a esté trouvé opposant honnorable homme Pierre Le Prevost seigneur du Val Caillouel aiant le droict de deffunct Andrieu de la Perreuze et Alix le Clerc sa femme au précédent veufve de deffunct Francoys le Cornu auquel avoit appartenu lad terre et seigneurie du Boscgouet affin que lad. terre soit et demeure affectée et obligée au paiement et contynuation de quatrevingtz dix livres tournois de rente la vie durant de lad. Alix le Clerc que icelle le Clerc a droict de prendre sur icelle terre par lettres (?) et arrest de la court des generaulx le traiseiesme jour d'Octobre mil cinq cens et neuf dont il s'aide, mesmes (*sic*) de la court de parlement donné contre led. deffunct le Lieur tenant dud. fief au prouffict dud. Le Prevost en dabte du quatorzeiesme jour de juing mil cinq cens vingt et ung, qui seroit pour le principal neuf cens livres tournoys ; sur quoy les opposans aud. decret ont remonstré que led. Le Prevost tient dud. fief du Boscgouet plusieurs terres dont il est tenu en grandz rentes et dont est deu plusieurs arrerages tellement que lesd. arrerages deffalquez et bien... [*déchirure*] il ne luy seroit deu que peu de chose, surquoy, en tant qu'est le principal d'icelle rente, l'enche risseur a soutenu qu [*déchirure*] [n'] est tenu à faire lad. rente maix a paier seullement neuf cens livres pour icelle les quelz il offre et acorde consigner et depposer en telle main que justice ordonnera ou s'il y a aulcun opposant qui veuille recueillir icelle somme et faire led. douaire, ou led. le Prevost représentant icelle si prendre le (?) veult, et par led. Le Prevost a esté dict qu'il n'y estoit tenu mais entendoit avoir son dict douaire, veu qu'il estoit aisné de tous les opposans aud. décret, sur quoy parties ouyes en leurs raisons a esté ordonné par forme et manyere de provision [que?] led. encherisseur actendu son garnissement demourra deschargé de faire lad. rente parcequ'il demourra en ses mains comme en main de justice lad. somme de neuf cens livres pour la seureté dud. douaire, pour iceulx garder et delivrer soit aud. le Prevost ou à celluy des opposans qui icelle vouldra recueillir a la charge de bailler cauxion de les rapporter aprez le trespas advenu de lad. veufve et a led. le Prevost sommé lesd. opposans puisnez de prendre lesd. denyers et luy faire lad. rente, aultrement son intencion est d'y garder son droict et faire ses contrainctes où il appartiendra et verra bon estre, eulx entiers en leurs raisons au contraire. Item est opposant pour les arrerages escheubz depuys le jour de Noel mil cinq cens vingt jusques au jour Sainct Michel mil cinq cens trente neuf monctans saize cens quatrevingtz sept livres dix solz, surquoy il a receu, en ce comprins le prix contenu au contract cy aprez dabté, la somme de deux cens quatrevingtz saize livres troys solz six deniers tournois et par ce resteroit deu la somme de traize cens quatrevingtz unze livres six solz vi deniers tournois, et si est opposant pour les arrerages qui escherront jusques au jour de l'estat dud. decret qui montent à la somme de six vingtz douze [ou onze] livres troys solz neuf deniers tournois, en soy aidant du droict à luy ceddé et transporté par led. de la Perreuze et lad. Le Clerc sa femme, protestant que led. decret ne luy porte aulcun préjudice; sur quoy a esté dict que en affermant que lesd. arrerages luy soient loyaulement deubz et par reservacion [? *déchirure*] s'il apparoissoit de quictance par ce aprez, à l'emploier au paiement et en avoir restor. Item led. Le Prevost est opposant en aultre partie pour tous et telz despens qui adjugez luy ont esté par lesd. arrestz et aultres sentances et sentainctes qu'il a eubz allencontre dud. deffunct le Lieur protestant que led. decret ne luy face ou porte aulcun prejudice, et pour ce qu'il n'est apparu de la taxacion et liquidacion d'iceulx, aulcun estat n'en sera faict maiz aura lettre de son opposition pour luy valloir protestation ainsi qu'il appartiendra. Item led. le Prevost est opposant en aultre partie pour et affin d'avoir paiement de la somme de neuf livres neuf solz tournoys de despens actains par ledict Le Prevost sur ledict deffunct Le Lieur comme il appert par le taux d'iceulx donné en la court de parlement du septiesme jour d'Avril mil cinq cens vingt et ung, pour ce neuf livres neuf solz tournoys qui luy ont esté acordez. Item est opposant en aultre partie pour avoir paiement de la somme de quatorze livres tournoys pour aultres despens à luy adjugez par le taux de ce faict par le lieutenant général du viconte du Pontautou en dabte du vingt deuxiesme jour de Septembre mil cinq cens vingt deux de la condempnation du dict deffunct maistre Pierre Le Lieur soustenant qu'il doibt avoir payement du jour de l'inctroduction (?) du procez qui fut le derrain jour de Juing mil cinq cens vingt deux, pour ce quàtorze livres. Item est opposant en aultre partie pour avoir paiement de la somme de vingt [? *déchirure*] cinq livres neuf solz quatre denyers tournois pour aultres depens à luy adjugez et taxez par acte donné le vingt huitième [? *déchirure*] jour de Juing aud. an mil v^c xxu soustenant qu'il doibt avoir paiement du jour de l'inctroduction du procez qui fut le vingt deux [*déchirure*] de May mil cinq cens et vingt, les quelles oppositions luy ont esté acordez, pour ce ycy vingt cinq livres neuf solz quatre deniers tournois. Item ledit (?) (*déchirure*)] le Prevost est opposant audict décret à aultre fin c'est assavoir pour avoir paiement de la somme de vingt quatre livres onze solz..... (*déchirure*) deniers tournois pour despens adjugez et taxez à Jehan Burel dont ledit le Prevost a dit représenter le droict, à prendre sur ledit Le Lyeur sieur du Boscgouet précedent (*sic*) du procez intenté à clameur de haro pour le descors des dimes (?) baillez à ferme par ledict deffunct Lelieur pour autant qu'il en avoit prins à ferme des relligieulx abbé et couvent de Préaulx soy aydant du taux des despens en dabte du vingtdeuxiesme jour de Décembre mil cinq cens vingt deux soustenant qu'il doyt pretendre (?) en aisneesse du huitiesme jour de Juillet mil cinq cens vingt et ung qui est le commencement du procez, sur laquelle opposition les opposans puisnez ouys en tout ce qu'ilz ont voullu dire et alleguer et que aulcun d'iceulx n'a voullu contredire la dite opposition, icelle lui a esté acordee comme raisonnable et pou.. icelle porté en l'estat la dite somme de vingt quatre livres unze solz quatre deniers tournois. Item ledit le Prevost est opposant en aultre partie soustenant (*sic*) deux pièces de terre vendues par ledit deffunct sieur du Boscgouet et ladite damoyselle Luque Jubert sa femme audit le Prevost assises en la parroisse du Boscgouet, la premyere pièce contenant troys acres ou envyron ou la pièce ainsi qu'elle se pourporte en long et en léz bournée d'un costé la sente tendant de la Montellerie? à Sainct Gilles, d'aultre costé les hoirs Martin Pain, d'un boult maistre Jehan Desmarestz et d'aultre boult plusieurs, la seconde contenant cinq vergez bournée d'un costé lesd. hoirs Martin Pain, d'aultre costé plusieurs, d'un boult la seigneurie et d'aultre boult Estienne le Munecher (?) et aultres, lesquelles il avoyt precédentement aquises et depuis retiréz par lesdits mariez dud. le Prevost et delaiz faict, et par eulx mariez vendue audit le Prevost par le prix de neuf vingtz troys livres tournois les traizeiesmes et façon de lettres avec le vin, en déducion des arrérages desdites quatrevingtz dix livres tournoys de rente jouxte les lettres passez devant les tabellions du Boucachard le vingt septiesme jour de Novembre mil cinq cens trente six, non voullant souffrir décret en estre passé en son préjudice et qu'il doibt prendre aisneesse du jour et dabte de la créatior de lad. rente, sur laquelle opposition a esté dict que led. le Prevost aura lettre de sad. opposition qui lui vauldra de protestacion ainsi qu'il appartiendra, et le mercredi quinzeiesme jour dudit mois audit an devant nous lieutenant général dessus nommé, pour ce que en faisant et procédant aud. estat et affynement il a esté acordé à lad. damoyselle Luque Jubert pour ses oppositions prendre et emporter sur le prix dud. décret la somme de quatre mil livres tournois, icellui le Prevost s'est opposé à la délivrance d'iceulx deniers et a faict arrest sur iceulx jusques à ce qu'il soit payé et satysfaici de la somme de trente six livres tournois à luy deue pour les causes contenues en une cédulle en pappier signée d'elle en dabte du derrain jour de Febvrier mil cinq cens trente neuf recongnue ce jour d'huy et si est opposant on aultre partie pour avoir paiement de la somme de vingt et ung escu sol, à lui deue par lad. damoyselle jouxte une cédulle qu'il en a, signée d'elle en dabte du quatorzeiesme jour de Juillet mil cinq cens quarante et recongnue ce jourdhuy qui monteroient à la somme de quarante sept livres dix solz tournois et pour la grosse desd. deux cedulles dix solz, les quelles opposicions luy ont esté acordez pour ce que lad. damoyselle n'y a mys aulcun contredict ni empeschement saouf à elle son restor sur lesd. biens et heritages de ses enffans et allieurs où elle le pourra recouvrer. Montent les oppositions mises aud. decret acordez aud. le Prevost la somme de deux mille cinq cens quatrevingtz livres dix neuf solz unze denyers tournoys dont il a esté ordonné qu'il aura paiement sur les deniers du prix dudict decret jouxte lesd. expedicions, tant à l'acquict et descharge dud. deffunct que de lad. damoyselle Luque Jubert saouf sond. restor comme dict est, et à (?) faire ledit payement icelluy enchérisseur ou le deppositaire des denyers du prix d'icelluy seront contrains par toutes voyes deues et raisonnables, sur ce deduict à rabatre deux deniers pour livre qui de l'acord et consentement de tous les opposans aud. décret a esté payée par ledit enchérisseur pour stippendier les conseulx et procureurs des opposans audict decrect et aultres conseulx neultres qui par deux jours ont vaqué à l'expedicion dudict estat et à wider les difficultez d'icelluy. Si donnons en mandement au premyer sergent ou sous sergent royal dudit bailliage sur ce requis le contenu en ces presentes mectre à execution deue jouxte leur forme et teneur. Donné comme dessus.

Signé : G. Fautret.

(Original. Sceau plaqué.)

III.

15 décembre 1540. — (Collocation partielle en faveur des frè..s Le Lieur, marchands à Paris, sur le prix de vente après saisie du fief du Bosgouet, ayant appartenu à Pierre Le Lieur, conseiller au Parlement de Rouen).

L'an de grace mil cinq cens quarante, le mercredi quinzeiesme jour de Decembre, devant nous Jehan Moges escuier licencié es loix, lieutenant général de noble et puissant seigneur Monseigneur le bailly de Rouen et commissaire du roy notre seigneur en ceste partie à la journée qui baillée avoit esté à ce jourdhuy aux obligé, decrectant et encherisseur et opposant au decrect du fief, terre et seigneurie du Boscgouet qui fut et appartind à deffunct maistre Pierres Le Lieur en son vyvant seigneur dud. lieu et conseiller en sa court de parlement aud. Rouen, icelluy fief scitué et assis en la parroisse dud. lieu en bailliage de Rouen et viconté du Pontautou et Pontaudemer naguores passé par decrect en l'assise de Rouen siége à ce faire commis et depputé, tenue par nous lieutenant general dessus nommé le Samedi huictiesme jour de Novembre contynuée du lundi vingt septiesme jour d'Octobre l'an mil cinq cens trente neuf, à la requeste et par vertu des lectres de honnorables hommes Robert et Germain dictz Le Lieur freres bourgoys marchans demourans en la ville de Paris porteurs du laict et obligation dud. deffunct maistre Pierres Le Lieur et de damoyselle Lucque Jubert sa femme, enchery et adjugé à hault et puissant seigneur monseigneur Anne de Montmo-

rency chevallier de l'Ordre connestable et grand maistre de
France ou à son procureur de luy deuement fondé, au prix de
douze mil livres tournoys pour une foys payer et par ung
mesme et seul prix jouxte et ainsi qu'il est amplement contenu
et déclaré aux lectres desd. decrect et enchere, auquel decrect
plusieurs personnes s'estoient presentez et opposez non pas
pour contredire led. decrect mais à plusieurs fins quilz avoient
bailliez par escript au greffe et depuis leur avoit esté ordonné
produire devers ung commissaire à ce depputé pour mectre
et dresser en ordre lesd. opposicions chacun à son degré et
aisneesse. Et par aprez journée baillée à ce jour pour proceder
aud. estat et affinement, Aujourdhuy de la partie dud. seigneur connestable encherisseur a esté presenté led. estat et
affinement pour estre procédé à icelluy et à la distribuction
des deniers, requerant y estre procédé, A laquelle fin ont esté
appellez lesd. obligez et lesd. opposans estans en grand nombre
qui se sont presentez et comparuz les aulcuns en personne
les aultres par leurs procureurs garnis de leurs conseulx et
les aultres se sont laissez deffaillir ainsi que amplement et
particullierement il est notté et escript en la code dud. estat
général, Neanlmoins lequel deffault a esté dict et ordonné
qu'il sera procédé aud. estat et affinement ce qui a esté faict.
Et en ce faisant entre autres opposans a esté trouvé lesd.
Robert et Germain dictz le Lieur bourgoys marchans demourans à Paris presens opposans aud. decrect à plusieurs fins.
La première pour lesd. despens dud. decrect montans par la
taxation qui par nous én a esté faicte à la somme de deux
cens quarante neuf livres dix sept solz six deniers tournoys
qui leur ont esté accordez, à ce que, sur les deniers du prix
dud. décret et mesmes sur les deniers qui pourroient revenir
et estre accordez à lad. damoyselle Lucque Jubert qui sont
quatre mil livres, soient prins la somme de deux mil sept cens
livres tournois pour le princippal, racquict et franchissement
de deux cens vingt cinq livres tournoys de rente en quoy
led. deffunct maistre Pierres le Lieur et lad. damoyselle sa

femme s'estoient obligez envers Denys Barthelemy aussi bourgoys marchant demourant aud. lieu de Paris par led. prix, au pleige desd. Robert et Germain dictz le Lieur qui s'estoient obligez avec led. deffunct et lad. damoyselle ensemble et l'un seul pour le tout et dont lesd. sieur et damoyselle avoient promys et s'estoient obligez garantir acquicter et rendre indempne lesd. Robert et Germain dictz le Lieur et avec ce s'estoient obligez faire le racquict et admortissement de lad. rente dedens quatre ans ensuyvans jouxte les lettres sur ce faictes et passez devant deux notaires du chastellet de Paris le douzeiesme jour d'Aoust mil cinq cens trente. Item sont opposans en aultre partie pour avoir restor et paiement de la somme de douze cens trente deux livres quinze solz tournoys qu'ilz ont esté contrainctz à payer desd. arrerages jouxte les quictances par eulx portez, passez devant les notaires de Paris la premiere le premier jour de Janvier mil cinq cens trente cinq et la seconde le unzeiesme jour de Juillet mil cinq cens trente six et de la quelle somme restor luy a esté adjugé par séntence donnée par le lieutenant particullier de mond. seigneur le bailly le vingt et ungnième jour d'Octobre mil cinq cens trente sept, par vertu de la quelle sentence et pour recouvrer paiement de lad. somme decrect a esté passé. Item pour et affin que l'oultre plus des arrerages de lad. rente escheuz depuis la creacion soient par semblable portez et paiez sur le prix dud. decrect avec le princippal pour la façon des lettres de la creacion de lad. rente, contre lectre de indempnité et garantie et quictances dessusd. Et si sont opposans en aultre partie pour les interrestz et donmages qu'ilz dient avoir eubz, portez et soustenuz pour la deffaulte desd. deffunct et lad. damoyselle de non avoir faict le racquict et franchissement de lad. rente ainsi que obligez y estoient, et que pour raison de lad. rente lesd. Robert et Germain dictz le Lieur ont esté contrainctz et en nécessité faire le paiement d'iceulx arrerages. Item est opposant led. Germain le Lieur affin que led. fief ou ceulx

qui emportent les deniers du prix d'icelluy soient et demeurent subjectz et obligez envers luy à la garantie de la vendue
faitte par led. deffunct ausd. le Lieur du fief, terre et seigneurie
de Frari aultrement dit Mallemains, jouxte les lettres sur ce
fectes et passez devant les notaires de Paris le vingt et
ungiesme jour d'Aoust mil cinq cens trente. Item affin que
les deniers que pourroit emporter ou qui seroient accordez
à lad. damoyselle soient et demeurent subjectz et affectez a
lad. garantie, et que si delivrance en est faicte à lad. damoyselle que ce soit à la charge de bailler cauxion de lad. garantie
ainsi que lad. damoyselle s'i est obligée par lettres du douzeiesme jour de Juillet mil cinq cens trente deux ; sur les
quelles opposicions les parties ont esté ouyes en leurs raisons,
et pour ce que aucun des opposans excepté lad. damoyselle
pour son regard pour les raisons cy aprez touchez n'y ont
mis contredict [à ?] icelle opposicion pour le faict de lad. rente
et arrerages leur a esté accordé à prendre sur les deniers du
prix dud. decrect revenans aud. deffunct le Lieur en tant
qu'il en pourra porter, par la fin et clausion duquel estat est
trouvé que le prix d'icelluy decrect en la totallité monte à
la somme de douze mil livres et les traizeiesmes, oppositions
pour frais (?) et aultres debtes et charges tant en rentes ypo-
thecques, arrerages dicelles et debtes mobilles sur ce portez
deffalquez et rabatus jouxte qu'il est contenu et declaré en
l'estat général, reste de clers deniers la somme de quatorze
cens vingt deux livres neuf solz buit deniers tournoys, icelle
somme a esté accordée ausd. le Lieur tant moins et rabatant
de leur deu, en baillant cauxion pour les protestacions qui
sont pour la sceuretté de l'encherisseur aud. decrect, et ont
lesd. le Lieur dict et déclaré qu'ilz entendoient prendre lad.
somme premierement en paiement de leursd. arrerages dont
ilz ont déclaré qu'il leur est deu jusques à ce jourdhuy la
somme de deux mil troys cens vingt sept livres ; ladicte somme
de quatorze cens vingt deux livres neuf solz buit deniers
tournois rabatue leur reste deu desd. arrerages la somme de

neuf cens quatre livres dix solz quatre deniers, sans le princippal d'icelle rente et façon de lettres qui monte c'est assavoir
led. princippal à la somme de deux mil sept cens livres; ainsi
montent led. princippal et la reste desd. arrerages la somme
de troys mil six cens neuf livres dix solz quatre deniers dont
ilz se sont departis sauf leur restor aillieurs sur les aultres
biens et heritaiges dud. deffunct et ses heritiers, et mesmes
à les poursuyr et demander sur lesd. quatre mil livres tournoys accordez cy dessus à lad. damoyselle, elle entière à ses
raisons et deffences au contraire, et, par ce moyen, le prix
dud. decrect est emply, fourny et entierement distribué. Et
au regard de la tierce et quarte opposition montant douze
cens trente deux livres quinz solz elle est widée cy dessus,
et quant à la cinquiesme pour les despens par eulx faictz
pour poursuir le restor et adjudicacion de lad. somme, aulcun
estat n'en a esté faict pour ce qu'il est comprins à la taxacion
des despens dud. decrect. Et quant aux interrestz et donmages
que lesd. le Lieur demandent à avoir pour raison de ce que
dict est, a esté dict que aulcun estat n'en sera faict. Et quant
à l'article de la garantie dud. fief de Mallemains vendu par
led. deffunct le Lieur il est dict qu'ilz auront lectre de leur
opposition pour leur valloir de protestacion jouxte leur
alaneesse. Et ce faict, sur ce que voullions proceder à la
wide de plusieurs oppositions et arrestz qui ont esté faictz
sur lesd. quatre mil livres tournoys se sont presentez lesd.
le Lieur voullans emporter sur iceulx le paiement du recte
de leur deu et protestations dont ilz n'ont peu estre portez
ne paiez sur le prix dud. decrect obstant l'opposition d'elle
desd. quatre mil livres, actendu et considéré quilz portent le
faict et obligation de lad. damoyselle aussi bien que de luy et
aultres raisons cy devant declarez, ce que lad. damoyselle a
voullu contredire tant par raison desd. contractz que mesmes
des lectres de rellevement par elle obtenus de ce qu'elle se seroit departie de la moictié d'icelle terre qui luy appartenoit,
la quelle moictié estoit de plus grand valleur que lesd. quatre

mil livres et aultres contractz, soustenant que en reffuz de luy bailler et delivrer lesd. quatre mil livres elle debvoit estre faict joissant de la moictié dud. flef, les dictz Le Lieur disans le contraire actendu le faict et obligation de lad. damoyselle par le quel, comme dit est, elle est aussi bien obligée en la rente à eulx demandée que sond. deffunct mary, au moyen de quoy elle ne debvoit avoir delivrance, à tout le moins quelle doibt bailler cauxion suffisante de les rapporter s'il estoit trouvé cy aprez que faire se deust, et par lad. damoyselle dict au contraire et qu'il y auroit assez d'heritages assiz en France où son deffunct mary avoit part et droict plus qu'il ne leur estoit deu. Surquoy, partyes oyes en leurs raisons eu advis aux assistens suyvant l'oppinion d'iceulx en la pluspart dict a esté, que icelle damoyselle, pendent le procez, aura delivrance desd. quatre mil livres par provision et en baillant cauxion d'icelle rapporter s'il estoit par cy aprez dict ou ordonné que faire se deust, elle protestant toursjours (?) à avoir sad. moitié et de tous donmages et incterrestz s'elle vient à entente et que led. decrect ne luy préjudicie eulx entiers en leurs raisons au contraire. Et a esté ordonné que lesd. le Lieur auront delivrance et leur sera paié, par l'encherisseur, la dicte somme de deux cens quarante neuf livres dix sept solz six deniers tournois en une partie, et lad. somme de quatorze cens vingt deux livres neuf solz huit deniers tournois en l'acquict et descharge du prix dud. decrect, en leur rabatant deux deniers pour livre qui a esté accordée par tous les opposans aud. decrect estre prinse et distribuée aux conseulx et procureurs (?) desd. opposans et aultres neultres pour leurs paines et vaccations d'avoir assisté aud. estat par deux jours pour wider et decider les differendz et difficultez survenans en procedant en icelluy, mesmes pour le paiement de leur sallaire d'y avoir vacqué pour leurs maistres, et fut donné en mandement au premier sergent ou soussergent royal dud. bailliage sur ce requis ces presentes mectre en execution deue. Donné comme dessus. — Approbo : en razure, excepté ; et en gloze : n'y ont mis contredit. Signé : Faultrel uɴg paraphe et scellé de cyre verte. Et au dos estoit escript ce qui en suit : Je Jehan Le Lieur sieur de Becdasne procureur desd. le Lieur desnommez en l'autre part (?), confesse avoir receu dud. seigneur connestable, par les mains dud. sieur Claude Guiot, la somme de deux cens quarante neuf livres dix sept solz six deniers en une partie, et la somme de quatorze cens vingt deux livres neuf solz huit deniers tournoys en aultre partie pour les causes contenus eud. contrat (?) des quelles sommes j'ay baillé quictance aud. Guiot, la quelle et ce present endosse-ment ne vallent que ung seul acquict et descharge, tesmoing mon saing cy mis ce jourdhuy unzeiesme jour de febvrier mil cinq cens quarante : signé Le Lieur ung paraphe.

Collation faicte à l'original en parchemin cy dessus trans-cript, sain et entier en seing et escripture, veu au greffe de monseigneur le bailly de Rouen le Jeudi dix septiesme jour de Febvrier l'an de grace mil cinq cens quarante.

[Signé] Fautrel.

(Rouleau en parchemin.)

www.ingramcontent.com/pod-product-compliance
Lightning Source LLC
Chambersburg PA
CBHW061622060726
47597CB00005B/1766